L'identité d'Emilie en 2050 (Internet of Things)

Yeesho Poetry et Poesie

L'école Transdisciplinaire et Interdisciplinaire

Autrice : Yeeshtdevisingh Hosanee

Droit d'auteur

Édition : BoD · Books on Demand, 31 avenue Saint-Rémy, 57600 Forbach, bod@bod.fr

Impression : Libri Plureos GmbH, Friedensallee 273, 22763 Hamburg (Allemagne)

ISBN: 978-2-3224-7850-7

Dépôt légal : Janvier 2025 (Envoyez à la BnF)

Aux lecteurs

Ce livre, conçu sous forme de poésie, trace un lien entre l'art et la science. Les humains disposent de nombreux outils fournis par la science. Cependant, avec leurs facultés de calcul, de décision, de créativité et d'humour, ils incarnent toujours l'art de la nature.

L'identité humaine est primordiale pour faire avancer une économie ou une civilisation moderne. Peu de livres traitent des fondations de notre identité pour l'économie d'aujourd'hui et de demain. Les terminologies changent et l'information abonde sur les réseaux sociaux, écrite ou verbale, mais l'identité humaine, base d'une économie saine, se perd dans ce chaos en ligne.

Les humains possèdent une richesse linguistique écrite et orale qui les distingue des animaux. Leur identité, en tant qu'espèce sur Terre, reste fondamentale même avec l'évolution technologique, telle que l'intelligence artificielle et Internet des Objets (Internet of Things).

Ce livre fait rappeler que l'humain a une identité à travers toutes les évolutions de la planète Terre, afin que le Génération Z et Alpha reprennent ces bases dans leur leadership. Les bases d'écriture, les philosophies béhavioriste, constructiviste et constructionniste.

Table De Matières

"Si je n'avais pas la capacité d'écrire et de préserver mon écriture, je ne pourrais pas m'identifier pleinement aux autres humains."

\- Y.Hosanee

1. Emilie

En Famille

1.1.   Le cri d'un Bébé aujourd'hui

Aujourd'hui,

Le cri d'un bébé,

Résonne à travers un filet

D'incompréhension.

On l'arrête,

On s'apprête,

Une trompette

De tempête nerveuse.

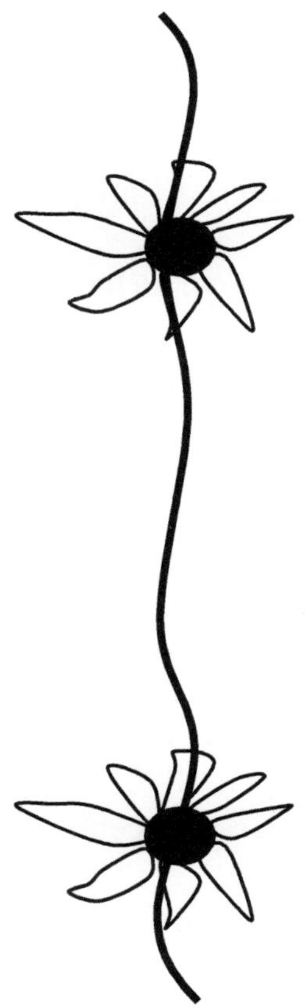

1.2.   Le cri d'Emilie, le bébé à l'avenir

À l'avenir,

Le cri d'Emilie, le bébé

Résonnera à travers un filet

De compréhension.

Le bébé s'arrêtera,

S'apprêtera à comprendre

Une tempête d'objets électroniques, autour,

Le retour cérébral confus, un nouveau cri,

Mais nous, parents, mordus à l'hameçon.

1.3.   Emilie, le bébé en Maman

Objets électroniques autour,

Pas de détour pour Émilie, le bébé.

Autrefois, Émilie imitait les humains,

Désormais, Émilie imitera ses écrans,

Ancrée dans le constructionnisme,

Motivé par Papert, le scientiste et psychologue.

1.4.   Emilie, la Maman en bébé

Objets électroniques autour,

Identité multipliée,

Maman née

Comme Gen Z ou avant,

S'apprête à danser,

Dans le champ des trompettes

Musicales des électroniques.

Émilie, la maman,

N'est pas tortue de terre,

Car l'évolution technologique, le renard.

1.5.   Emilie et la TV en famille

Réseaux sociaux, en vogue,

Émilie, au saut, de la loge.

Le mélange de l'art de création sociale,

Et la science, une intégration technologique,

Pour la vie, sans hésitation.

Un film sur la TV, regardé en famille,

Avec des sucreries préparées à la maison,

Tous en streaming directement, une union en ligne.

2. Emilie

A l'école

2.1.   L'identité du cahier

Auparavant, l'identité d'un nom,

Était suffisante.

Avec des capteurs et des senseurs,

L'Internet of Things ou Internet des objets,

Apporte un traçage des cahiers physiques,

En mode digital, sans frictions.

Le cahier physique est répertorié,

Plus d'usage de cahiers à papier,

Que forme digitale à apprécier.

2.2.   L'identité du crayon

Couleur,

Longueur,

Le crayon physique

Retracé dans le digital.

Le partage entre enfants et professeur,

Un breuvage non imaginé,

Un monde connecté, sans précédent.

2.3.   L'identité du sac écolier

La taille,

Une faille,

Autre tracement,

Du sac des écoliers,

Dans un monde digital, sans voilier.

3. Emilie

Dans son Environnement

3.1.   Changement climatique

Le soleil,

La pluie,

Parfois beau,

Parfois trop,

Émilie frotte ses souliers,

Oh voilà ! Un changement climatique avéré.

3.2.   Les poubelles

Les poubelles tracées,

Retracées,

Retractées,

Pour un environnement sain.

Les capteurs et senseurs,

Porteurs de rôles,

À réduire le changement climatique,

Pour un futur plus pragmatique.

3.3.   Des bicyclettes

La sécheresse,

Peu de richesses

Dans les réservoirs d'eau.

L'énergie hydro,

Peu probable.

Tracer,

Retracer,

Nos bicyclettes,

À roulettes.

4. Emilie
Pour L'économie

4.1.   Une économie SciArt

Émilie, avec des compétences,

Interdisciplinaires, construit des pâtes d'amandes,

De différentes saveurs, tailles, en toute élégance.

Émilie, avec des compétences,

Transdisciplinaires, bouge comme une cuillère de sucre,

Douce et légère, elle charme les présences.

Émilie, avec des compétences cross-disciplinaires,

Fait la science et l'art bouger,

Pour une économie et une civilisation du monde, à réinventer.

4.2.   Une économie de dialogue

Auparavant, le changement

Fut progressif.

À l'avenir, le progrès

Va être « mutatis ».

Je sais,

Tu connais,

On connaît,

Sont des signes de dialogue,

Pour équilibrer le catalogue terrestre.

4.3.   Emilie achète

Pour les Gen Z, la classe sociale,

Était cruciale.

L'économie familiale

Joue un rôle primordial

Pour Émilie, une Gen Alpha.

Ses dépenses vont relier à la créativité,

Faire des choses manuelles à la maison,

Comme ajouter de l'art dans sa bicyclette, avec passion.

5. Emilie

A la mode

5.1.   Les T-shirt Graphiques

Les Gen Z,

Beta testeurs,

Graphiques créateurs,

Portent des T-shirts avec des images,

Affichant leur style, leur langage.

5.2.   Les T-shirt Lexiques et Graphiques

Les Gen Alpha,

Ont vu des images,

Mais aussi du texte des chatbots,

Un mélange de lexiques et

Graphiques s'affichent pour eux, sans faux pas.

5.3.   Le coton

La chaleur,

Le coton Malvacée,

Vivra plus de mode,

Des pantalons,

En coton,

Des blouses,

En coton,

Plus légers en été, une vraie commode.

Publications de L'autrice !!

La Liste des Publications de l'autrice

Table 1 La liste des publications de Yeeshtevisingh Hosanee

	Titre	Année	Age	ISBN
1.	APRAN PROGRAMMING DANS PYTHON (learn programming in Python, English version)	20/11/2021	10+	9789994908653
2.	Learn Python Programming	1/6/2022	10+	9789392274787
3.	Learn Java Programming	1/6/2022	10+	9789392274770
4.	Machine Learning: The 10 Classifiers In Python	17/8/2023	10+	9789392274893
5.	Artificial Intelligence : The 10 Examples In Python	17/8/2023	10+	9789392274558
6.	Artificial Intelligence - The Python Chatbot in Australia	18/3/2024	10+	9781923020566
7.	Diwali Celebration In Python	26/10/2024	8+	9789363555174

8.	Diwali Celebration In Python (French)	2/10/2024	8+	9789363553040
9.	Mother AI For This Christmas	11/11/ 2024	3+	9798346198673
10.	La mère ia pour ce noël : Les PREMIÈRS CONTES DE NOËL pour les enfants de 3+ ans À L'ÈRE DE L'INTELLIGENCE ARTIFICIELLE (AI)	2/11/ 2024	3+	9782322478620
11.	The Yeehos Tech-Poetry: My computer mimics My Badminton Players & Gardeners	12/11/ 2024	10+	9782322558339
12.	La fête des lumières en java (diwali): Les contes de Codage avec Crayon et du Papier pour les Enfants de 10+ Ans	2/11/2024	10+	978-2322478859